Annegrete Harms

Von der Kunst, nein zu sagen

JOHANNIS
LAHR

Bildnachweis:
Umschlagbild: K. Radtke
Innenbilder: S. 5 oben: C. Timmermans; S. 5 unten: G. Gölz; S. 13: T. Harbig; S. 20 oben: R. Haak; S. 20 unten: Bildarchiv Kirsch; S. 24: P. Santor; S. 29 oben: T. Schneiders; S. 29 unten: K. Radtke; S. 37: U. Schneiders; S. 44 oben: M. Mehlig; S. 44 unten: W. Rauch; S. 53: W. Rauch; S. 61 oben: P. Santor; S. 61 unten: V. Rauch/IFA-Bilderteam

Die Deutsche Bibliothek – CIP-Einheitsaufnahme

Harms, Annegrete:
Von der Kunst, nein zu sagen / Annegrete Harms. – Lahr : Johannis, 1996
   (Johannis-Geschenk-Taschenbücher ; Bd. 7107 :
   Die Reihe von Frauen für Frauen)
   ISBN 3-501-07107-8
NE: GT

Johannis-Geschenktaschenbücher
Von Frauen für Frauen 07107
© 1996 by Verlag der St.-Johannis-Druckerei, Lahr
Umschlaggestaltung: Helmut Baumann
Gesamtherstellung:
St.-Johannis-Druckerei, 77922 Lahr
Printed in Germany   12581/1996

Inhaltsverzeichnis

Einleitung

Wir saßen mit Freunden in gemütlicher Runde beieinander. Es war abends, die Arbeit war getan, jeder von uns war in bester Stimmung. Plötzlich fragte ein Gast: »Darf ich rauchen?« Als gute Gastgeberin antwortete ich selbstverständlich: »Gerne!« Aber meine gute Laune war etwas getrübt, dachte ich doch an die nächsten zwei Tage, an denen der Zigarettengeruch in den Gardinen hängen würde. Und das konnte ich überhaupt nicht leiden. Aber ich hatte mein Einverständnis so überzeugend erteilt, daß unser Bekannter fröhlich seine Zigarette ansteckte. Die Asche wurde lang und länger: »Ach, Sie haben wohl keine Aschenbecher?« Und spätestens nach der langen Zeit des Suchens merkte er es: Hier wird ja gar nicht geraucht! Etwas verunsichert rauchte er seine Zigarette zu Ende. Nun war auch seine gute Laune dahin. Ein höfliches Ja, um die gute Stimmung zu erhalten, bewirkte genau das Gegenteil. Mißbehagen auf beiden Seiten.

Ein anderes Beispiel. Es ist kurz vor 12.00 Uhr. Das Telefon klingelt: »Hast Du Zeit?« Selbstverständlich habe ich Zeit. Eine Pastorenfrau hat immer Zeit zu haben! Ich höre mich also ja sagen. Aber ich stehe auf heißen Koh-

len. Ausgerechnet heute muß mein Mann pünktlich essen. Die Bekannte am anderen Ende der Leitung merkt an meinen knappen Antworten, daß es mit meiner Zeit doch nicht so gut bestellt ist und hängt bald ein. Wochen später kommt es heraus, wie tief ich sie durch mein Verhalten gekränkt hatte. Hinter ihren vordergründigen Fragen versteckte sich eine große Not. Die hatte ich nicht wahrnehmen können, weil ich keine Zeit hatte. Warum hatte ich ja gesagt? Um als Pastorenfrau immer helfen zu können? Wieder war das Gegenteil eingetroffen: Verletzung statt Trost.

Was treibt mich dazu, so schnell ja zu sagen?

Warum können manche Frauen ihrer Mutter die Bitte, sie zu besuchen, nicht abschlagen, obwohl die Mutter gesundheitlich bestens auf der Höhe ist, und die Tochter mit ihrem großen Haushalt oder ihrem Beruf über die Kraft hinaus ausgelastet ist?

Und dann das Ja, das wir uns schließlich abringen unseren quengeligen Kindern gegenüber, weil unsere Nerven ihrem starken Drängen nicht gewachsen sind! Ja, auch wenn wir wissen, daß es zum Schaden unserer Kinder ist!

Warum können wir so schlecht nein sagen?

I. Warum ist es wichtig, nein zu sagen?

1. Die Unfähigkeit, nein zu sagen, gefährdet eine Beziehung

Wir Menschen können einander doch nur verstehen, wenn wir uns mit-teilen, wenn wir unsere Bedürfnisse äußern. Das Wort »äußern« bedeutet, daß wir das an Gedanken, was in uns verborgen ist, nach außen bringen. Welche Zeit wäre dafür günstiger als die erste Zeit der Liebe! Doch gerade da fällt es uns am schwersten. Ich weiß noch, wie eine junge Frau – kurz verheiratet – mir ganz erschüttert erzählte, wie es zwischen ihr und ihrem Mann zu Unstimmigkeiten gekommen sei. Dabei hatte sie gedacht: »Bei uns wird es nie Auseinandersetzungen geben.« Warum war sie erschüttert? Könnte es daran liegen, daß wir unterschwellig noch dies Bild der »idealen« Ehe in uns tragen, in der sich Mann und Frau harmonisch ergänzen wie Teile eines Puzzles. Dieses Bild von der harmonischen Einheit erzeugt in mir ein schlechtes Gewissen, wenn in mir etwas ist, das diese Harmonie, diesen Wohlklang eines Duetts, stören will. Wer möchte nicht als glückliches Paar leben und auch vor anderen so dastehen? Und unsere Vorstellung von einem glücklichen Paar – das sich nur gegenseitig liebt und nicht am anderen leidet – das immer einer Meinung ist und sich nicht streitet – verbietet es uns, einmal nein zu sagen.

Aber was sind die Folgen?

Häufig baut sich mit der Zeit durch dieses immer wieder unterdrückte Nein eine unsichtbare, aber fühlbare Mauer zwischen den Liebenden auf. Sie besteht aus Kälte, Verachtung, Bitterkeit, Groll und manchmal sogar Wut und Aggression. Oft kommt es dann völlig überraschend zu einer unschönen Szene. Der Anlaß war ganz belanglos! Aber nun stehen beide Ehepartner vor einem Scherbenhaufen innerer Verletzungen, der die Harmonie ernsthaft bedroht. Der Irrtum war hier die Ergänzungsideologie. Beide Partner dachten, daß mit gutem Willen und dem ständigen Ja zueinander die Gemeinschaft gefestigt würde. Erstaunlich ist, daß gerade unter Christen diese Art des Umgangs miteinander weit verbreitet ist. Dabei sollten doch Menschen, die die Bibel kennen, wissen, daß Harmonie spätestens nach dem Sündenfall nicht mehr ungestört möglich ist.

Doch braucht ein Nein ja nicht gleich in verletzender Weise ausgesprochen zu werden! Ein Nein muß auch nicht endgültig sein! Es geht nur darum, daß es geäußert wird, damit mein Gegenüber die Chance hat, mich zu verstehen und wir beide – aus diesem Verstehen heraus – den nächsten Schritt bedenken können, eine Lösung suchen können, die für beide annehmbar ist.

Ein ganz banales Beispiel: Wir haben es uns gerade gemütlich gemacht, die müden Beine hochgelegt, ein Strickzeug zur Hand genommen und unsere Lieblings-CD aufgelegt. Da kommt jemand und fragt, ob wir nicht einen kleinen Abendspaziergang machen möchten.

Drei Reaktionen sind möglich. Als »ideale« Frau – unserer anerzogenen Vorstellung entsprechend – sagen wir ja. Der Abendspaziergang wird für beide Teile kaum erfreulich, da wir wahrscheinlich recht muffelig und schweigsam unserer Pflicht nachkommen. Wir können natürlich auch ein so bestimmtes Nein entgegnen, daß jede weitere Bitte verstummt. Aber meine gute Stimmung weicht einem schlechten Gewissen, zumindest einem unguten Gefühl, und der andere fragt sich irritiert und verunsichert: »Warum war sie gleich so schroff? Mußte das sein? Kann sie nicht mal mir zuliebe etwas tun?« Wir könnten aber auch – und das wäre die dritte Möglichkeit – in aller Freundlichkeit unser begründetes Nein dem anderen kundtun: »Weißt du, ich war heute schon so lange auf den Beinen, ich wollte mich eigentlich jetzt mal ausruhen.«

Manche Frauen schaffen es allerdings kaum, diesen Satz freundlich hervorzubringen, weil in ihnen der stille Vorwurf ist: »Kann mein Gegenüber denn nicht sehen, daß ich jetzt nach der Schlacht mit den vier kleinen Kindern Ruhe brauche?« Nein, es hat es nicht gesehen, und es nützen keine heimlichen Vorwürfe, die nur wieder die Atmosphäre vergiften. Wir Frauen würden uns den Umgang mit unseren Männern sehr erleichtern, wenn wir mit dem Istzustand lebten. Er sieht es nicht! Unsere Wunschvorstellungen rauben uns nur den Frieden!

Wir haben also durch unsere freundliche »Äußerung« unseren Mann oder unsere Freundin, wer es auch immer ist, an unserer inneren Verfassung teilnehmen lassen. Die Basis zum Verstehen und zum Suchen der gemeinsamen Lösung ist geschaffen. In mir braucht kein Ärger zu schmoren, und mein Gegenüber versteht mein Nein, ohne sich peinlich verletzt oder abgelehnt zu fühlen. Nun kann es sein, daß er oder sie um mich wirbt: »Ach, komm doch mit. Es ist so ein schöner Abend, und die Luft tut dir bestimmt gut!« Jetzt kann ich das Geschenk der Zustimmung machen. Da der andere weiß, daß es ein Geschenk ist, weil ich eine andere Abendgestaltung vorgehabt hatte, festigt diese abendliche Begegnung unsere Beziehung. Vielleicht sagt mein Gegenüber aber auch: »Entschuldige, ich habe gar nicht bedacht, daß du so abgespannt bist nach diesem Tag. Es ist dir doch recht, wenn ich ein paar Schritte alleine gehe?« Auch bei dieser Entscheidung ist die gute Stimmung für beide gerettet.

Wir trauen uns oft nicht, nein zu sagen, weil wir wissen, wie uns das Nein eines anderen einmal sehr gekränkt hat. Warum hat es uns – obwohl liebevoll verpackt – doch verletzt? Ist es nicht leicht unser Fehler – und in diesem Fall denke ich besonders an uns Frauen – daß wir das Nein des anderen nicht sachlich einordnen können – als ein bestimmtes Nein zu diesem einen Punkt – sondern dahinter emotional gleich die Ablehnung unserer ganzen Person vermuten? Sicher gehört hierher auch der Satz von der Mücke, aus der man keinen Elefanten machen sollte.

2. Die Unfähigkeit, nein zu sagen, ist oft eine Ursache für Unzufriedenheit

Durch meine Zusage werde ich von dem abgelenkt, was ich eigentlich will, was ich mir vorgenommen habe, was meinen Zielen entspricht.

Dadurch beschleicht mich das ungute Gefühl, nicht mehr Herr meiner Tages- und Lebensgestaltung zu sein, sondern manipuliert zu werden.

Wieder ein Beispiel aus dem Alltag: Eine Bekannte hatte sich entschieden – als sie ihr erstes Kind bekam – aus dem Beruf auszusteigen, um sich ganz ihrem Kind widmen zu können. Das bedeutete für sie natürlich Verzicht auf einen zweiten Verdienst, Verzicht auf teure Urlaube im Ausland und manches mehr. Aber das streßfreie Zusammenleben in der Familie ist ihr dieses Opfer wert. Wie sieht nun der Tagesverlauf dieser jungen Mutter aus? Alle vierzehn Tage trafen wir uns mit mehreren Frauen vormittags zum Frühstück und Bibelgespräch. Wer mußte öfters aus Zeitmangel absagen? Diese Mutter! Sie ist häufig in einem noch größeren Streß als ihre berufstätigen Mitmütter im Haus. Von morgens bis abends heißt es: »Inge, du hast doch Zeit, du kannst doch mal eben . . .« – »Inge, du bist doch den ganzen Tag zu Hause, paß doch mal eben für zwei Stunden auf meine Kinder auf!« – »Du kannst doch sicher mal eben meine Kleider bei der Reinigung vorbeibringen?!« . . . In einer abendlichen Gesprächsrunde mit jungen Müttern erfuhr ich, daß dies das Problem vieler junger Frauen ist, die zu Hause bleiben. Eine meinte: »Ich über-

lege mir ernsthaft, ob ich nicht wieder in den Beruf gehen sollte, um aus diesem Streß herauszukommen.« Auf meine Frage, warum sie denn zu dem Ansinnen ihrer Nachbarinnen nicht nein sagten, antwortete eine junge Frau: »Wenn ich dann sage, daß ich jetzt gerade mit meinen Kindern basteln will, ist das für die Anfragen kein Gegenargument.«

Aber Inge merkt, daß die Unzufriedenheit in ihrem Leben zunimmt. Verständlich! Der Erwartungsdruck der anderen schiebt sie auf ein Gleis, das nicht ihrer Zielvorstellung entspricht. Was tun? Sicher gibt es kein Patentrezept, denn gerade der soziale Kontakt zu den Nachbarinnen ist für eine junge Frau, die nicht den täglichen Austausch mit Kolleginnen hat, lebensnotwendig. Würde hier nicht auch ein begründetes Nein helfen? Ein Gespräch mit den Nachbarinnen bei einem gemütlichen Raclette: »Wißt ihr, ich helfe ja gerne. Aber ich verzichte bewußt auf ein zusätzliches Einkommen, um Zeit für die Kinder zu haben. Ich halte gemeinsame Radtouren und gemeinsames Spielen für so wichtig, daß ich eure Wünsche nicht alle erfüllen kann.« Vielleicht zieht sich dann die eine oder andere Nachbarin zurück. Wir müssen Prioritäten setzen: Was ist mir wichtiger, das Wohl meiner Familie oder die Gunst der Nachbarinnen? Wir tun uns mit solchen Entscheidungen schwer. Viele Entscheidungen für etwas Bestimmtes beinhalten gleichzeitig auch Entscheidungen gegen etwas anderes. Spätestens mit der Ehe fängt das sehr einschneidend an. Die Entscheidung für meinen Mann bedeutet, daß ich mich gegen die weitere Bevormundung durch meine Mutter – oder das Umsorgtsein durch sie – entscheide. Die Wahl meines Mannes verlangt von mir, daß ich mich gegen die Vorstellung entscheide, er müsse so sein wie mein Vater. Die Gründung einer Familie ist eine Entscheidung gegen meine frei verfügbare Zeit. Und wie viele Entscheidungen verlangt mir mein Alltag immer wieder ab! Da steht die Schularbeitenhilfe dem Chaos in der Küche gegenüber, das Trösten dem Zeitunglesen, das Zuhören dem Fernsehen, das Gespräch mit der Nachbarin dem Essenkochen, die Teilnahme an einer Party dem Lernen, die Ruhe für mich dem Spiel mit den Kindern, das Schlafengehen der Diskussion mit dem Teenager, die Stille mit Gott dem Telefonanruf. Die Liste könnte endlos fortgesetzt werden. Dabei läßt es sich nicht vermeiden, daß wir Fehlentscheidungen treffen oder auch Schuld auf uns laden. Aber ohne Risiko können wir kein erfülltes Leben finden! Das ungute Schmoren in einer mißlichen Situation raubt mir die Freude am Leben. Auch um Freunde zu gewinnen, muß ich das Risiko auf mich nehmen, abgelehnt zu werden. Dazu gehört sogar manchmal, daß ich Entscheidungen treffen muß, deren Folgen ich noch nicht einmal überschauen kann. Aber auch das dürfte für einen vertrauensvollen Christen keine Katastrophe sein! Gott kann ja – wie ich einmal zu meinem großen Trost hörte – auch aus unserem Mist fruchtbaren Dung machen!

Andererseits führen meine spontanen Entscheidungen für oder gegen etwas oft dazu, daß mich bei Fehlentscheidungen – oder vermeintlichen Fehlentscheidungen – anschließend Skrupel oder Ärger für Stunden – wenn nicht Tage – blockieren. Was tun?

Ich finde es hilfreich, wenn ich mir in einer ruhigen Minute – und die finde ich meistens im morgendlichen Zusammensein mit Gott – die Situationen vor Augen führe, die mich immer wieder überrumpeln. Nun kann ich in der Ruhe vor Gott versuchen herauszufinden, nach welcher Wertigkeit ich die einzelnen Entscheidungen treffen möchte. So werde ich mich vielleicht an einem Abend dafür entscheiden, mit gutem Gewissen eine mir wichtige Fernsehsendung anzuschauen und nicht mit der Familie zusammen zu spielen. Ein anderes Mal werde ich mit meiner 18jährigen Tochter diskutieren und die Einladung der Nachbarin absagen. Oder es wird mir deutlich, daß es mittags wichtiger ist, mit den Kindern Schularbeiten zu machen, als die Küche aufzuräumen. Wichtig ist, daß ich mich entscheide, um mit gutem Gewissen und damit fröhlich durch meinen Alltag zu kommen. Unvorhergesehenes wird uns noch oft genug aus der Bahn werfen.

Ein anderes Beispiel: Eine junge Frau stellt fest, daß sie trotz ihres netten Mannes und ihrer beiden gesunden Kinder oft von schlechter Laune geplagt ist. Sie kann das nicht einordnen: Sie hatte sich solch eine Familie doch gewünscht! Nun plagt sie das schlechte Gewissen wegen ihrer Undankbarkeit. Was ist der Grund für ihre Unzufriedenheit? Sie hat in einen Geschäftshaushalt hineingeheiratet. Jetzt erwartet die Schwiegerfamilie von ihr immer wieder den praktischen Einsatz. Um des lieben Friedens willen sagt sie bei allen Anfragen ja. Sie steht auch gerne im Laden und verkauft! Woher aber dann die schlechte Laune? Diese junge Frau hatte das Abitur gemacht und danach studiert. Das bedeutet, in ihrem Leben wurde der Geist fünfzehn Jahre lang überfüttert. Durch die veränderte Lebenssituation hat in ihrer Person – nach Leib, Seele und Geist – eine solche Verschiebung stattgefunden, daß sie gar nicht im Frieden sein kann. Ihr Geist braucht Nahrung! Um zu überleben, müßte sie mindestens einmal pro Woche an einem Literaturkursus teilnehmen oder jeden Mittag eine halbe Stunde in Ruhe lesen. Darum ist es wichtig, daß man am Anfang der Ehe, in der Zeit der großen Liebe, hellhörig ist für die Bedürfnisse des anderen und sich gegenseitig diese Bedürfnisse mitteilt. Nur so können für die Alltagsgestaltung Strukturen gefunden werden, in denen alle Beteiligten leben können, in denen dann auch das Nein bei überfordernden Anfragen von den Beteiligten eingeordnet werden kann.

Vor mir sitzt eine Mutter von vier Kindern. Sie erzählt mir, daß sie einige Zeit in einer psychiatrischen Klinik gewesen sei. Warum? Sie war davon beseelt, eine gute Mutter zu sein. Nach ihrer Vorstellung bedeutete das, ständig für die Kinder zur Verfügung zu stehen. Das nutzten sie natürlich aus. Aber ihre Nerven hielten das nicht aus. Sie brach zusammen. Nach vielen Gesprächen verstand sie die Ursache ihres Zusammenbruchs. In ihrem Familienalltag war für sie selbst kein Raum zum Leben gewesen. Der Psychotherapeut half ihr, Strukturen für ihren Alltag zu finden, die ihr auch Raum verschafften. Nun erzählte sie mir voller Freude: »Es geht mir schon lange wieder gut. Ich habe im Schlafzimmer meine Schreibecke und mittags ist meine Stunde. Wenn dann die Kinder etwas von mir wollen, sage ich mit gutem Gewissen: ‚Nein, jetzt ist Mamis Stunde! Nachher helfe ich euch!'«

Ich möchte mit diesen Entscheidungshilfen davor bewahren, daß jemand einmal sagen muß: Ich habe dieses kostbare Leben, diese einmalige Chance, falsch gelebt, weil ich versuchte, es allen recht zu machen. Der Psychotherapeut Paul Tournier sagt in seinem Buch »Echte und falsche Schuldgefühle«: »Jeder Mensch muß – um seine von Gott gewollte Bestimmung erfüllen zu können – sich früher oder später dem Urteil anderer entgegenstellen, selbst dem seiner Eltern, Lehrer oder vielleicht sogar religiöser Autoritäten.«

Und wenn es trotz allem zu einer bösen Auseinandersetzung kam? Was hilft mir wieder zu einem Ja zum anderen und zu mir selbst? Es gibt ein wunderbares Wort in der Bibel, das heißt: Gottes Barmherzigkeit ist jeden Morgen neu! Das heißt für mich: Gott schenkt dem anderen und mir durch seine göttliche Vergebung jede Minute eine neue Chance zu einer neuen, unbelasteten Begegnung mit dem anderen.

3. Durch die Unfähigkeit, nein zu sagen, verscherze ich mir leicht die Achtung des anderen und meine Selbstachtung

Irene sagte zu allen Wünschen ihrer Freundin ja. Diese Freundschaft war ihr so wichtig, daß sie sie auf keinen Fall aufs Spiel setzen wollte. Eines Tages brauchte sie selbst dringend die Hilfe dieser Freundin. Diese lehnte ohne zu zögern ab. Das versetzte Irene, diese gutmütige Irene, so in Zorn, daß sie voller Empörung lautstark reagierte. Fast mit Genugtuung stellte die Freundin fest: »Alle Achtung! Du kannst also auch anders!« Wie viele Menschen versuchen durch ihr ständiges Ja die Gunst des Freundes, des Chefs, des Ehemannes, der Kolleginnen ja sogar der eigenen Kinder zu erkaufen und sind dadurch nur die Deppen für die anderen. Sie werden ausgenutzt und damit entwürdigt!

Manches junge Mädchen, das zu einem Ansinnen ihres Freundes ja sagte, hat das hinterher bitter bereut! Nicht nur, weil der Freund sie anschließend sitzen ließ, sondern weil sie auch ihre Selbstachtung verlor. Sie hatte gegen ihre innerste Überzeugung gehandelt, war sich selbst nicht treu geblieben.

Ganz sicher ist es heute besonders schwer, zu eigenen Überzeugungen zu stehen. Die gesellschaftliche Beeinflussung widerspricht häufig unserer Ethik. Es ist fast unmöglich, so zu leben, wie wir es für richtig halten. Mir ging das blitzartig auf, als mir ein Buch aus dem Fach Gesellschaftslehre in die Hand fiel. Dort standen Überschriften wie »Männerhaß«, »die emanzipierte Sklavin« und ähnliches. Sechs Schulstunden pro Woche wurden die jungen Leute mit solchen und ähnlichen Ideen gefüttert. Dazu kam folgendes Erlebnis: Beim Mittagessen sagte unsere 16jährige Tochter: »Wir lesen im Deutschunterricht zur Zeit Wilhelm Raabe. Der hat ja ein positives Menschenbild!« Dabei erinnerte ich mich an meinen eigenen Deutschunterricht. Wir waren fast ausschließlich an Literatur mit positiven menschlichen Leitbildern herangeführt worden. Zur Gesellschaftslehre kamen also noch die Deutschstunden und das Vertrautgemachtwerden mit der modernen Literatur und ihrem zersetzenden Menschenbild. Dazu das Fernsehen mit seinen Filmen und Shows, in denen ja häufig moralische Begriffe lächerlich gemacht werden. Dagegen stehen in vielen Elternhäusern doch noch die Erziehungsideale von Treue, Wahrhaftigkeit und Liebe. Wie soll ein junger Mensch zwischen diesen Fronten leben können?

Das Unterbewußtsein ist mit der Moral bzw. Unmoral angefüllt, die in unserer Zeit vertreten wird. In dem kleinen Bereich des Bewußten will der junge Mensch von ganzem Herzen der Lebensweise seiner Eltern entsprechen. Wie kann er diesen Zwiespalt aushalten? Hinzu kommt, daß in unserer Gesellschaft, in der jedem die Freiheit der Entscheidung garantiert wird, eine derartige Intoleranz herrscht, daß es von einem Jugendlichen schon sehr viel Mut erfordert, sein Leben so zu leben, wie er es für richtig hält. Das fängt bei der Kleidung an. Bei der Berufswahl wird es problematisch. Eine Abiturientin sagte mir vor Jahren: »Ich traue mich gar nicht zu sagen, daß ich einen technischen Beruf ergreifen will. Man muß ja etwas Soziales machen.« (Hier merken wir außerdem, wie schnell sich gesellschaftliche Diktate wandeln.) Ein junger Mann – der sich entschlossen hatte Soldat zu werden, um unsere Heimat gegebenenfalls zu verteidigen – sagte: »In meiner Jugendgruppe darf ich gar nicht sagen, daß ich Soldat werden will. Bei denen komme ich mir vor wie ein Mörder!« Und als er bei der Bundeswehr war, suchte er einmal Zuflucht bei uns. Ein Fest war angesagt, und er wußte: Da wird keinem die Freiheit zugestanden, Alkohol nur in Maßen zu genießen!

Es gehört heute sehr viel Mut dazu, nein zu sagen. Welche Hilfen geben wir der heranwachsenden Generation? Können wir selber nein sagen?

II. Warum fällt es uns schwer, nein zu sagen?

1. Wir möchten den anderen nicht verletzen

Vielleicht kennen Sie die Geschichte einer Ehefrau, die dazu erzogen worden war, zu allen Wünschen ihres Mannes ja zu sagen. Da sie dadurch aber in vielen Punkten ihrer Natur zuwiderhandelte, wurde sie seelisch so krank, daß sie sich in eine Psychotherapie begeben mußte. Nach manchen Sitzungen war sie endlich soweit, daß sie sich ein kleines Nein ihrem Mann gegenüber zutraute. Es drehte sich um den sonntäglichen Kinogang, den sie verabscheute. Auf die Frage: »Wollen wir ins Kino gehen?«, antwortete sie erstmalig: »Nein, ich habe dazu keine Lust. Ich gehe überhaupt nicht gerne ins Kino!« Er entgegnete höchst erstaunt: »Ja, aber ich gehe doch nur dir zuliebe ins Kino! Mir liegt da gar nichts dran!« Sie: »Warum hast du das nicht eher gesagt?« Er: »Ich dachte, ich tue dir damit einen Gefallen!« Wir möchten den anderen nicht verletzen! Kennen wir uns denn überhaupt und wissen wir, wodurch wir den anderen verletzen? Sicher haben wir im Laufe des gemeinsamen Lebens manche verwundbare Stelle beim anderen entdeckt. Aber wie viele Verletzungen fügen wir einander zu, weil wir nicht wissen, wer der andere eigentlich ist. Steht ein jung verheiratetes Ehepaar im Laden, um für Freunde einen Blumenstrauß zu kaufen. Sie: »Wir nehmen die Anturie für 20 Mark!« Er: »Nein, auf gar keinen Fall! Ein Usambaraveilchen für 4,99 Mark tut es auch!« Sie: »Sei doch nicht so geizig!« Er: »Und du mit deiner Verschwendungssucht!« Sie hatten sich auf den Abend gefreut, waren bester Laune gewesen, als sie den Laden betraten, und nun war jeder gekränkt. Sie hatten einander wehgetan. Warum? Weil sie sich nicht kannten! Sie verstand gar nicht, warum ihr Mann mit solch einem harten Nein reagiert hatte. Wäre ein Kompromiß die Lösung? Vielleicht können sich die beiden wegen der Kürze der Zeit nicht anders einigen, die Verletzungen stünden in jedem Fall noch im Raum. Wie kann ich aber mit der andersartigen Meinung meines Partners umgehen, ohne ein Ja zu seinen Vorstellungen zu heucheln? Gibt es Hilfen, um einander echt bejahen zu können? Eine alte Volksweisheit besagt, daß kein Mensch über seinen Schatten springen kann. Das gilt es einzukalkulieren! Jeder Mensch reagiert entsprechend seiner persönlichen Veranlagung und Prägung.

Nun ist es die Aufgabe in jeder Beziehung,

die gelingen soll, daß wir versuchen, diesen Schatten des anderen kennenzulernen. Dabei ist ein Haupthindernis, welches uns ein objektives Kennenlernen erschwert, daß wir – ohne darüber nachzudenken – unsere eigene Veranlagung und Prägung als die normale ansehen und die des anderen an unserer messen. Das Ergebnis ist darum emotional fast immer eine Abqualifikation des anderen. Um das noch etwas deutlicher zu machen: Uns würde es z.B. nicht einfallen, einen Menschen nach seiner Augenfarbe zu bewerten. Es wird mir nicht einfallen, jemand mit braunen Augen für einen besseren Menschen zu halten als einen mit blauen Augen – nur weil ich selbst braune Augen habe. Genau das tun wir aber in Bezug auf die Veranlagung! Bin ich z.B. ein herzlicher Nähetyp, so werde ich die Schwiegertochter mit ähnlicher Veranlagung höher bewerten als die andere, die mir – entsprechend ihrer Veranlagung – distanziert begegnet! Dabei hat manche Schwiegermutter auf dem langen Krankenlager gemerkt, wie treu sie von dieser »distanzierten« Tochter gepflegt wurde, während die andere wegen ihrer vielen menschlichen Kontakte keine rechte Zeit für sie hatte. Wo liegt das Problem? Nicht in der Andersartigkeit, sondern in der Wertung bzw. Abwertung.

Was würde diese Erkenntnis für unser Paar im Blumenladen bringen?

In einem ruhigen Gespräch – was übrigens im Augenblick der Verletzung kaum möglich sein wird – könnte sie wertungsfrei, vorurteilslos fragen: »Warum wolltest du nur 4,99 Mark ausgeben?« Er: »Weißt du, meine Mutter war alleinerziehend, und wir mußten jede Mark umdrehen. Ich habe noch nie 20 Mark für Blumen ausgegeben! Außerdem habe ich Angst, daß wir mit unserem Gehalt nicht auskommen!« Daraufhin würde sie vielleicht entgegnen: »Mein Vater war Geschäftsmann. Geld spielte bei uns nie eine Rolle! Aber zu deiner Angst: Laß uns doch mal die Kontoauszüge der letzten Monate durchgehen. Schau, wir konnten in jedem Monat 250 Mark zurücklegen. Vielleicht können wir doch bei Geschenken etwas großzügiger sein, wenn 20 Mark bei diesem Anlaß auch überzogen waren.«

Lockeres Nachfragen ermöglicht es, daß jeder den Mut hat, sich zu öffnen. Dagegen blockt eine Feststellung wie: Du bist geizig! oder: Du bist verschwenderisch! jedes Gespräch ab. Sie gibt dem anderen keine Chance, seine Meinung zu äußern, sondern schiebt ihn gleich in eine Schublade, aus der es kein Entrinnen mehr gibt.

Noch ein Gedanke zur Prägung: Wer und

was hat uns nicht alles geprägt, bevor wir uns entschlossen haben, das Leben gemeinsam zu führen? Unsere Eltern mit ihren vielen Vorstellungen, Ratschlägen und Erziehungsmaßnahmen! Unsere Lehrer, die Lehrinhalte in der Schule, unser Freundeskreis, unsere Idole, deren Abbilder die Wände schmückten, vielleicht auch faszinierende Christen oder das Gegenteil davon! Bücher, die wir lasen, Hobbies, die wir pflegten. Alles füllte unser Unterbewußtsein, und jetzt entschließen sich solche Menschen zu heiraten! Dieses hochexplosive Vorhaben kann man sicher mit Hilfe eines Bildes von Freud am besten veranschaulichen. Der Eheschluß gleicht der Begegnung zweier Eisberge: Das von Herzen gesprochene Ja vor dem Traualtar betrifft ein Siebtel der Persönlichkeit, nämlich den Teil des Bewußtseins. Sechs Siebtel des Unterbewußtseins sind aber an der Ehe mitbeteiligt! D.h., diese sechs Siebtel bestimmen unser Handeln.

Wer will den anderen verletzen? Keiner! Und doch geschieht es aus diesem Grund immer wieder! Schon beim ersten Einzug in die neue Wohnung! Beide sind glücklich, daß es endlich so weit ist. Er: »Schatz, gib mir die Truhe! Ich trag sie rein, sie ist zu schwer für dich!« Sie, ganz verärgert: »Nein, die kann ich alleine tragen!« Ein Satz, liebevoll gemeint, erzeugt Ärger! Wie kann das sein? Irgend etwas aus den sechs Siebtel Unterbewußtsein war getroffen! Was tun? Es geht wieder darum, hellhörig für die Wurzel der Verstimmung zu werden! Vielleicht ergibt sich anschließend in der erholsamen Kaffeepause ein Gespräch: »Wieso habe ich dich mit meinem Angebot gekränkt?« Und ihr fällt nach einigem Nachdenken ein: »Ich glaube, es hängt damit zusammen, daß mein Vater immer wieder sagte: ‚Das kannst du doch nicht!‘ Das hat mich einfach daran erinnert!«

Eine ebenso wichtige Rolle spielen diese Prägungen im Umgang der Generationen miteinander! Die ältere Generation ist in der Nachkriegszeit aufgewachsen. Da war Muße ein rarer Luxusartikel. Jeder mußte mit anpakken, damit die Familie überlebte! Ganz anders ergeht es heute der jungen Frauengeneration. Wenn eine Frau es sich finanziell leisten kann nicht mitzuverdienen, hat sie ihren Haushalt mit Hilfe von Waschmaschine, Spülmaschine und Tiefkühltruhe häufig mittags schon in Ordnung. Es ist Zeit da zum Lesen oder Tennisspielen. Die Mutter schuftet Jahr für Jahr weiter in ihrem großen Garten. Sie friert sogar Gemüse und Obst für ihre Tochter ein. Dabei entgleitet ihr immer wieder die Frage: »Kannst du mir nicht bei meiner vielen Arbeit im Garten helfen?« Die junge Frau möchte das aber nicht. Lieber verzichtet sie auf das Obst der Mutter. Aber: Sagt sie ja, ärgert sie sich, sagt sie nein, ärgert sich die Mutter, und heimlich wächst eine unsichtbare Mauer zwischen Mutter und Tochter. Was steckt dahinter? Von der notvollen Vergangenheit geprägt steht »Arbeit« auf der mütterlichen Werteskala ganz oben. Daß unsere Zeit aber andere Lebensinhalte ermöglicht, ist ihr entgangen. Wieder entsteht die Mißstimmung durch die verschiedene Prägung, über die man sich aber nicht ausspricht. Ähnlich ist es mit dem Harmoniebedürfnis. Für die ältere Generation steht Frieden in der Familie an oberster Stelle. Möglichst kein lautes Wort! Streitpunkte umgehen! Lieber nachgeben! Keine Spannungen aufkommen lassen! Aber wie oft merken wir, daß Spannungen gerade dadurch erzeugt werden, daß wir kein klares Nein sprechen! Erzählt mir eine Bekannte voll Erstaunen folgendes Erlebnis: Fast immer gab es, wenn die Tochter mit ihren Kindern zu Besuch kam, diese widerwärtigen Spannungen, obwohl sie doch den Kindern alles erlaubte! So durften trotz des Hobbyraumes im Keller die Kinder auch im gemeinsamen Wohnzimmer spielen, was natürlich die großelterlichen Nerven überstrapazierte. Eines Tages meldeten sich anläßlich einer Beerdigung viele Gäste an.

Darunter auch die Tochter mit ihren Kindern. Unter diesen besonderen Umständen faßte sich die Großmutter ein Herz. Sie klärte vor dem Besuch, daß die Enkel nicht im Wohnzimmer spielen dürften, sondern doch im Hobbyraum bleiben möchten. Welch ein Wunder! Es war eine ganz gelöste Begegnung mit der Tochter! Ein klares Nein hatte endlich eine befreite Atmosphäre geschaffen. Warum war es zu den Spannungen gekommen? Die Mutter hatte gedacht, ihre Tochter würde denken . . . Warum trauen wir uns nicht nachzufragen, wie der andere das Problem sieht oder sogar zu meinem Nein steht? Hängt vielleicht unser Selbstwertgefühl so von der Zustimmung unserer Kinder ab, daß wir Angst vor einer ehrlichen Meinungsäußerung haben? Wieviel Not uns diese sechs Siebtel unseres Unterbewußseins bereiten können, erlebte eine Kollegin, der ganz spontan ein völlig korrektes Nein entschlüpft war. Sie war jung verheiratet und kam eines Tages ganz geknickt in den Dienst. Am Abend vorher hatte es einen gehörigen Krach gegeben. Warum? Er: »Holst du mir bitte ein Glas Milch?« Sie lehnte ab: »Kannst du es dir nicht bitte selber holen, ich bin doch gerade mitten in der Arbeit!« Er: »So, jetzt bin ich dir noch nicht einmal wert, daß du für mich aufstehst und mir ein Glas Milch bringst!« Der schönste

Ehekrach war im Gange. Wieso konnte er nicht einsehen, daß sie im Augenblick wirklich in Arbeit ertrank? Er konnte es nicht! Die Ehe seiner Eltern war mißlungen, und nun war sein Unterbewußtsein – angefüllt mit all den schrecklichen Erlebnissen aus seiner Kindheit – voller Angst. Ob unsere Ehe wohl gelingt? Darum empfand er die ablehnende Antwort seiner Frau als Signal – und das hatte ihn aus der Fassung gebracht – auch wir schaffen es nicht. Hier geht es wieder um das Gespräch, in dem ich, die ich den anderen verletzt habe, herauszufinden versuche, worin die Ursache der Verletzung liegt! Kenne ich die tiefe Angst meines Partners, werde ich das nächste Mal um der Liebe willen von Herzen ja sagen, wenn er mich um etwas bittet. Andererseits wird der andere, je gewisser er meiner Liebe ist, allmählich von seiner Angst befreit werden. Allerdings ist dies ein sehr langer und mühsamer Weg, der meistens ohne eine Hilfe von außen kaum gelingt. Ein außenstehender Helfer könnte zum einen ein guter Seelsorger sein oder ein nicht ideologisch besetzter Psychotherapeut. »Von außen«, damit meine ich auch die Hilfe außerhalb der menschlichen Möglichkeiten.

Vor einiger Zeit traf ich eine Bekannte. Wir hatten uns seit fast vierzig Jahren nicht mehr gesehen. Ihr Vater war Trinker gewesen. Als sie

34

heiraten wollte, bekam ihre zukünftige Schwiegermutter Herzanfälle aus Angst vor der drohenden Katastrophe. Der eingeschaltete Nervenarzt riet dem jungen Mann dringend von der Ehe ab. Er meinte, die negativen Kindheitserfahrungen würden die Beziehung zum Scheitern verurteilen. Sie gaben sich trotzdem beide das Jawort. Und nun zu der Begegnung: Die Ehe hatte standgehalten, die Frau war inzwischen glückliche Großmutter von mehreren Enkeln. Sie sagte zu mir: »Du weißt, wie kaputt ich war. Aber Gott hat mir geholfen.« Sie hatte das große Glück gehabt, eine persönliche Beziehung zu Gott zu finden, das heißt, glauben zu können, daß Gott sich für sie interessiert und engagiert. Sie sagte: »Immer wieder kamen im Laufe unserer Ehe Brocken aus dem Unterbewußtsein hoch.« Durch die Psychologie kennen wir ja zur Genüge die Probleme der Übertragung von Erlebnissen mit dem Vater auf den Ehemann. »Ich habe alles meinem Mann gesagt. Eine entsetzliche Zeit für ihn. Aber er hat es angehört, aufgenommen, abgenommen. Und da wir beide glauben, daß uns Jesus von der Schuld befreien will, auch von der, die andere uns angetan haben, haben wir dann gebetet. Das heißt, wir haben diese qualvollen Erinnerungen an Jesus abgegeben.« Sie betonte: »Es war ein langer, mühsamer Weg.

Manchmal ist es das heute noch. Aber unsere Ehe ist gelungen.«

Wir müssen nicht bis ans Lebensende in der Haltung der Verneinung des anderen bleiben, nur weil die Grunderfahrung unseres Lebens Ablehnung war.

2. Wir haben uns noch nicht von unseren Eltern gelöst

Einige von Ihnen kennen das sicher. Sie sind zu Hause die souveräne Hausfrau, die geschickt den Haushalt schmeißt, sich mit ihrem Mann gut versteht und viel Freude im Umgang mit den Kindern hat. Kaum sind Sie bei Ihren Eltern zu Gast, fühlen Sie sich unsicher, ja werden sogar leicht aggressiv. Könnte es sein, daß Sie zu Hause wieder in die Kindesrolle hineinschlüpfen? Warum ärgern wir uns, wenn die Mutter unseren Erziehungsstil kritisiert oder uns Vorschriften macht, wie man ein Schnitzel richtig brät? Fehlt uns nur der Humor, das fröhlich lächelnd abzutun, oder liegt ein tieferer Grund vor? Brauchen wir zu unserer Sicherheit noch immer die Rückendeckung unserer Eltern? Es ist wichtig, daß wir lernen, unseren Eltern als Erwachsene zu begegnen. Das heißt, daß unsere Sicherheit nicht mehr auf ihrer Zustimmung be-

ruht, sondern auf unserer sachlichen oder fachlichen Überzeugung. Es ist doch selbstverständlich, daß verschiedene Menschen verschiedene Ansichten haben. Über Erziehungsstile kann man verschiedener Meinung sein. Wichtig ist nur, daß ich davon überzeugt bin, daß meine Art der Erziehung für das Kind hilfreich ist. Ist das der Fall, kann ich das häufig mit den Eltern in Ruhe klären: »Mutter, deine Ansicht ist sicher auch bedenkenswert, aber Walter und ich haben uns aus dem und dem Grund entschlossen, Hans auf die Realschule zu tun und nicht auf das Gymnasium. Wir haben uns aus dem und dem Grund entschlossen, das Taschengeld nicht zu erhöhen.«

3. Wir fühlen uns den Eltern gegenüber schuldig

Schuldgefühle verhindern ein ehrliches Nein. Wie anders ist es zu erklären, daß eine vielbeschäftigte Ehefrau und Mutter unter Seufzen und Stöhnen immer wieder dem Drängen der noch sehr mobilen und agilen Großmutter nachgibt und ihr manchen unnötigen und zeitraubenden Wunsch erfüllt? Wie ist es zu erklären, daß der Sohn – obwohl er sich darüber ärgert – seiner Mutter nicht sagen kann, daß er einige Abende in der Woche mit seiner Familie abends allein sein möchte. Ja, manche erwachsenen Kinder und Schwiegerkinder ziehen sogar gegen ihren Willen in das Haus der Eltern, obwohl sie unüberwindliche Schwierigkeiten voraussehen. Was kann uns da aus unserem Unterbewußtsein steuern? Viele Menschen tragen ihren Eltern gegenüber Groll im Herzen. Groll, weil sie sich ungerecht behandelt oder weil sie sich unverstanden fühlen. Manche können es ihren Eltern verständlicherweise nicht verzeihen, daß sie ihnen die Chance zum Lebensglück verbaut haben. Häufig sind die Vorwürfe der Kinder berechtigt. Aber dieser Gedanke hilft nicht, denn der Groll frißt an dem, der ihn in sich trägt, zerstört den, der ihm Raum gibt. Nun gibt es vorwiegend zwei Arten, mit diesem Groll umzugehen. Manche fühlen sich durch diesen Groll schuldig. Sie haben das Gefühl, sie sollten den Eltern großzügig verzeihen, aber sie können nicht. Aus diesem Schuldgefühl heraus erfüllen sie den Eltern viele Wünsche.

Bei anderen schlägt der Groll in Haß um. Den Eltern wird ein solch hartes Nein entgegengebracht, daß keine freundliche Beziehung mehr möglich ist. Auch dies ist ein Verhalten, das beide Teile krank macht. Nicht nur die verletzten Eltern. Die Lösung hieße hier: Vergebung. Vergeben, nicht nur um des anderen willen, sondern auch um meiner selbst willen, um endlich aus diesem Gefängnis des Hassens herauszukommen und ein freier Mensch zu werden. Aber da sagt mir eine Frau: »Ich bin so tief verletzt worden, ich weiß, ich muß vergeben. Ich bin Christ, ich sollte vergeben, ich bete darum, aber ich kann nicht. In mir sinnt es nur auf Rache.« Durch diesen Haß wurde sie so krank, daß sie zum Nervenarzt mußte. Nützt da das Beten nicht? Vielleicht haben wir eine falsche Vorstellung von Gott? Vielleicht ist Gott viel einfühlsamer, als wir denken. Auf der einen Seite hält er es aus, daß wir laut vor ihm klagen, ihm vielleicht noch die Schuld an mancher entsetzlichen Not in die Schuhe schieben, weil er sie nicht von uns abgewandt hat. Auf der anderen Seite macht er ein Angebot. Er weiß ja, daß Verletzungen so furchtbar sein können, ich denke da zum Beispiel an den sexuellen Mißbrauch von Kindern oder an Kindesmißhandlungen, daß in dem Herzen nur Rachegefühle sein können. Darum sagt er: »Mein ist die Rache, ich will vergelten.« Könnte das nicht ein erster gangbarer Schritt zur Befreiung von Haß sein? »Herr Gott, in mir ist nur Haß. Ich möchte mich rächen, ich will das dir jetzt übertragen. Räche du mich an meinem Vater.«

Sie werden merken, die ehrlichen Gespräche mit Gott werden Sie entlasten und zu einem zweiten Schritt befähigen. Eine Bekannte hatte so viel Leid von ihren Eltern erfahren, daß sie jahrelang zur Psychotherapie mußte. Dann lernte sie Gott kennen. Sie nahm das Gespräch mit ihm auf und sammelte Informationen über ihn aus der Bibel und bei Menschen. Gott half ihr zur Befreiung von der Bitterkeit durch eine einleuchtende Erkenntnis. Eines Tages kam sie ganz glücklich in unseren Gesprächskreis: »Ich kann meine Mutter jetzt lieben. Ich habe endlich verstanden, warum sie so zu mir war. Sie konnte gar nicht anders handeln, weil sie selbst eine so furchtbare Kindheit erlebt hatte.« Vergeben durch Verstehen.

Wenn Ihre Seele frei von Groll Ihren Eltern gegenüber geworden ist, werden Sie nicht nur bei unberechtigten Anforderungen Ihrer Eltern ein Nein sagen können, es wird Sie auch freier machen im Umgang mit Ihrer Familie, Ihren Kolleginnen oder Ihrem Chef.

4. Wir fürchten uns vor Ablehnung und möchten überall anerkannt sein

Eines Tages sagte unsere Tochter vorwurfsvoll zu mir: »Mit dir kommt immer eine Hetze.« Sie hatte recht. Mein Tag war so voll gepackt, daß ich das meiste im Dauerlauf erledigte. Der Satz ließ mich nicht los. Er bedeutete doch, daß ich für meine Familie kein erfreulicher Zeitgenosse war. Warum war ich gehetzt? Wer oder was hetzte mich? In einer ruhigen Minute wurde es mir sehr deutlich: Meine Image-Pflege. Obwohl mein Mann Pastor ist, hatte ich in der Schule eine Halbtagsstelle angenommen. Nun mußte ich allen beweisen, daß ich trotzdem eine gute Pastorenfrau war. Also lud ich nach wie vor alte Leute zum Kaffee ein. Da ich aber befürchtete, daß man mir als Lehrerin unterstellte, ich sei keine gute Hausfrau, mußte ich natürlich jeden Kuchen selber backen. Warum eigentlich? Warum ist es mir so wichtig, daß alle gut von mir denken? Wie verheerend sich dieser Gedanke auswirken kann, wurde mir in der Schule deutlich. Ich hatte in der Klasse ein reizendes Mädchen. Allerdings merkte ich im Mathematik-Unterricht, daß ihr das logische Denken große Mühe machte. Als ich der Mutter erklärte, daß ihre Tochter auf einer Realschule gut untergebracht sei, entgegnete sie mir scharf: »Das kommt gar nicht in Frage. Mein Kind kommt auf das Gymnasium, und sei es mit Hilfe eines Rechtsanwalts!« Warum war der Mutter das so wichtig? Es war ihr peinlich, im Damenkränzchen der vornehmen Gesellschaft sagen zu müs-

42

sen: »Nein, mein Kind kommt nicht auf das Gymnasium.«

Wir trauen uns oft nicht, nein zu sagen, um unseres guten Ansehens willen. Dabei konnte ich mir den Leidensweg dieses Kindes ausmalen. Die ständigen Nachhilfestunden, keine Zeit zum Spielen, dann der Frust, trotz Lernens eine Fünf zu schreiben. Eine Bekannte hat sich als Studentin schließlich das Leben genommen, weil ihre Seele diesem Druck nicht standhielt. Wie ist unser Ja oder Nein in Bezug auf unsere Kinder motiviert? Es gehört natürlich sehr viel Mut dazu, im Kreise dieser vornehmen Damen zu sagen: »Unser Sohn will Maler werden.« - »Ach, auf welche Kunstakademie will er denn gehen?« – »Nein, er möchte Maler und Anstreicher werden.« Das erstarrte Schweigen, das dieser Aussage folgte, machte es meiner Bekannten auch nicht leichter, zu ihrem Entschluß zu stehen. Zumal ihr Mann sich von dem Sprößling auch anderes erträumt hatte, da er ein hochrangiger Wissenschaftler war. Eine andere Mutter wählte – um vor den anderen nicht sagen zu müssen, sie sei nur Hausfrau – die Berufstätigkeit. Nicht etwa, weil sie zu Hause nicht ausgelastet oder unglücklich war. Auch wegen des Geldes brauchte sie keineswegs außer Hause zu arbeiten. Sie setzte ihr persönliches Glück und das der Familie

aufs Spiel, um »in« zu sein. Hier stellt sich wieder die Frage nach meinen Lebenszielen. Will ich mir mein Leben verderben lassen, nur um vor den anderen gut dazustehen? Aber es gehört schon eine gute Portion von gesundem Selbstwertgefühl dazu, gegen den Strom anzuschwimmen! Wo nehme ich dazu die Kraft her? Dabei geht es ja nicht nur um solche Grundsatzentscheidungen. Wir verderben uns unseren Alltag auch häufig dadurch, daß wir den verlockenden Angeboten in Bezug auf Mode, Urlaub und einen neuen Wagen nicht widerstehen können, obwohl unser Konto schon überzogen ist. Ein Grund dafür ist sicherlich, daß wir in unserer Wohlstandsgesellschaft nicht gelernt haben, zu verzichten. Aber versteckt sich dahinter nicht auch wieder der Wunsch, von allen anerkannt zu werden? Warum lebe ich mit dem unmöglichen Anspruch an mich, daß alle mit mir zufrieden sein sollen? Das ist doch nicht eine unabdingbare Voraussetzung für ein glückliches Leben. Warum bereitet es mir eine schlaflose Nacht, wenn jemand sich zu Unrecht über mich geärgert hat? Warum mache ich mir das Leben schwer, indem ich meine, ich müßte in allen Dingen perfekt sein? Das ist doch eine Utopie. Wieviel glücklicher wäre ich, wenn ich auf eine Anfrage hin dem anderen fröhlich ins Gesicht sagen könnte: »Nein, das kann ich leider nicht.« Dazu gehört allerdings das ebenso fröhliche: »Ja, diese Aufgabe will ich gern übernehmen.«

Manche können nicht nein sagen, weil sie denken, sie seien unentbehrlich. »Ich kann die Bitte doch nicht abschlagen.« Warum nicht? Scheue ich die Erkenntnis, daß der Frauenkreis auch ohne meine Mitarbeit funktioniert und mein Sohn auch ohne meine Bemutterung das Leben meistert?

Wieder steht die Frage im Raum: Woher bekomme ich den Mut und die Kraft, nein sagen zu können, trotz meines Wunsches nach Anerkennung?

III. Das Nein in der Erziehung

1. Woher nehme ich Maßstäbe für die Erziehung?

Vor einigen Jahren las ich eine Abhandlung: Was führt unsere Kinder ans Rauschgift? An erster Stelle stand das labile Elternhaus, und daraus ergab sich die zweite Stelle: Orientierungslosigkeit. Wir wissen, wie es uns schon in Panik versetzt, wenn wir in einer fremden Stadt die Orientierung verlieren. Oder wir können uns vorstellen, wie es einem Kapitän ohne Kompaß zumute sein muß, dem Spiel von Wind und Wellen ausgesetzt zu sein. So ergeht es ja nicht nur den Jugendlichen, sondern auch uns Müttern in der Erziehung. Eine Mutter sagte mir: »Das erste Kind haben wir so erzogen, wie meine Eltern uns erzogen haben. Das zweite haben wir antiautoritär erzogen. Beim dritten müssen wir mal sehen.«

Nun bin ich nicht so vermessen, daß ich meine, ich könnte in dieser Zeit des Umbruchs und des Hinterfragens aller Werte eine endgültige Antwort geben. Aber vielleicht sind einige Gedankenanstöße hilfreich. Wir sind als moderne Menschen dabei, die zehn Gebote, die Grundlage unserer Rechtsprechung und Rechtsordnung, eines nach dem anderen zu demontieren. Wir meinen, sie hindern uns daran, unser Leben in Freiheit gestalten zu können. Dazu zwei Erlebnisse: Mein Mann wurde eines Tages von einem Unbekannten angerufen: »Herr Pastor, ich habe Probleme in meiner Ehe. Könnte ich mit Ihnen sprechen? Aber kommen Sie mir nicht mit der Bibel. Sind Sie dazu bereit?« Mein Mann sagte zu. Es drehte sich um eine ungeklärte Beziehung vor der Ehe, die jetzt seine Ehe zu zerstören drohte. Am Ende der Gesprächsreihe sagte mein Mann: »Darf ich Ihnen nun doch eine Frage aus meiner Sicht stellen?« – »Ja, bitte!« »Wenn Sie sich nach den zehn Geboten gerichtet hätten, hätten Sie sich dann nicht viel Not erspart?« Der Mann, der nichts von der Bibel hören wollte, stimmte nachdenklich zu: »Da haben Sie recht.«

Eine andere Situation: Im Religionsunterricht in der vierten Klasse standen die zehn Gebote auf dem Lehrplan. Zur Einleitung forderte ich die Kinder auf zu erzählen, wie es wohl aussähe, wenn jeder das Gebot hielte, »du sollst nicht stehlen«. »Wir könnten unser Fahrrad auf der Straße stehen lassen, die Mutter könnte das Auto vor dem Einkaufszentrum unverschlossen parken, und jeder könnte beruhigt in den Urlaub fahren.« Wir gingen mehrere Gebote unter dieser Fragestellung durch. Am Ende der Stunde staunten wir. Wenn jeder die Gebote hielte, hätten wir ja den Himmel auf Erden. Das war selbst für mich eine faszinierende Entdeckung. Hatte ich doch bisher die Gebote als »Knute« Gottes empfunden. Sollte Gott sie vielleicht als Lebenshilfe gedacht haben? Uns kam der Vergleich mit den Verkehrsregeln in den Sinn. Wir schimpfen über sie, aber wir sind auch sehr dankbar für sie, weil sie uns Sicherheit im Straßenverkehr bieten. Hat die Unsicherheit der jungen Generation, die sich in strenge Sekten, Banden oder Ideologien flüchtet, darin ihre Ursache, daß wir die zehn Gebote für ungültig erklärt haben? Könnte es sein, daß die Erziehung anhand der zehn Gebote ähnliche Lebenshilfe und Orientierung bieten würde, wie die Verkehrsregeln im Straßenverkehr? Ein zweiter Gedanke: Sind wir in der Erziehung durch die Wertungen der Leistungsgesellschaft nicht auf eine falsche Fährte geraten? Bricht nicht darum die junge Generation aus, weil sie merkt, wie entwertend dieser Gedanke für uns Menschen ist? Wir sind heute so weit, daß die Leistung eines Menschen an der Leistung einer Maschine gemessen wird. Leistet die Maschine mehr, ist der Mensch wertlos und wird als Rädchen im Getriebe gegen die Maschine ausgewechselt. Wie vernichtend für das Selbstwertgefühl des Menschen. Schiller sagte einmal: »Der ist erst Mensch, der spielt.« Das heißt, der ist erst Mensch, der ohne an ein Produktionsergebnis gebunden zu sein sich ganz dem augenblicklichen Tun hingeben kann. Wieviel Pensionäre scheitern an diesem Problem, daß sie nur den Wert eines sichtbaren Ergebnisses kennen, aber nicht die Freude am Dasein. Wie fragwürdig das Ideal der Leistung ist, wird noch an einer anderen Stelle deutlich. Wer viel leistet, kann sich viel leisten. Wir beziehen unseren Wert, unsere Sicherheit, aus einem aufwendigen Lebensstil. Das schicke Kleid, der Pelzmantel oder Mercedes verleihen uns unseren Wert. Was bleibt davon in einer Krise? Ist nicht oft der Zerbruch der Persönlichkeit die Folge, nur weil das materielle Fundament zerbricht? Welche tragenden Werte vermitteln wir der kommenden Generation?

Klagt ein Arzt ganz bekümmert seinem Freund: »Jetzt gehen meine Kinder aus dem Haus, und ich habe gar nichts von ihnen gehabt.« Das, was er sich für sein Leben gewünscht hatte an menschlichen Beziehungen, war ihm entgangen, weil er nicht früh genug die Verführung erkannt hatte und nein gesagt hatte. Sein Freund fragte zurück: »Ja, mußtest du denn deine Praxis immer wieder vergrößern, mußtest du noch eine eigene Röntgenabteilung aufmachen?«

Nein, vieles müssen wir nicht, wenn wir früh genug die Prioritäten in unserem Leben setzen und uns nicht überrollen lassen von den vielen Möglichkeiten, die das Leben bietet. Was lesen unsere Kinder für Werte an unserem Handeln ab? Verantwortungsbewußtsein oder Getriebensein von gesellschaftlichen Zwängen oder günstigen Umständen? Was lesen sie von uns ab in bezug auf soziales Verhalten? Soziales Verhalten ist hinderlich für Erfolg? Auch hier merkt die junge Generation, wie menschenverachtend diese Haltung ist. Hochinteressant ist es doch zu sehen, mit welch einer Hingabe Kriegsdienstverweigerer an den Schwächsten in unserer Gesellschaft ihren Dienst tun. Der Mensch ist von seinem Schöpfer so konzipiert, daß ihn die Hingabe an ein Du zutiefst befriedigt und nicht der Konsumrausch.

2. Vom Nein in der Erziehung

Vor einiger Zeit hörte ich eine interessante Sendung im Radio. Dort wurde ein Pädagoge gefragt, wie er sich das Phänomen der sich ständig steigernden Aggressivität erkläre. Aggressionen, die sich heute nicht nur gegen einen persönlichen Feind richten, sondern auch völlig wahllos gegen Unbekannte wie vor einiger Zeit die Bombe in einer öffentlichen Telefonzelle. Er führte das darauf zurück, daß wir heute in unserer Erziehung nicht früh genug nein sagen. Er machte deutlich, daß in jedem Menschen Aggressionen stecken. Halte man die Schwelle niedrig, an der sich Aggression austoben kann, sei der Mensch normalerweise befriedigt, weil er sich im Rahmen der gesteckten Grenzen sicher und geborgen fühle. Da wir aber dem irrigen Menschenbild verfallen sind, daß der Mensch gut sei, halten wir es für falsch, dieser »Güte« früh genug Einhalt zu gebieten, diesem Ich Grenzen zu setzen. Tolerant, wie wir sind, stecken wir die Verbotstafeln immer weiter, so daß der junge Mensch schon sehr viele Aggressionen aufwenden muß, um an die Grenze eines Neins zu stoßen.

Jetzt denken sich manche geplagten Mütter: Das ist nicht mein Problem. Ich habe klare Vorstellungen von dem, was ich meinem Kind erlauben will und was nicht. Aber damit stehe ich in meinem Bekanntenkreis alleine. Sie erzählte mir, wie viele bitterböse Blicke sie einmal für eine Erziehungsmaßnahme geerntet hatte. Hier stellt sich wieder die Frage nach der

Priorität: Ist mir das Wohl meines Kindes wichtiger als mein Ansehen?

Wie steht es mit dem Nein zu unguten Freunden? Zumindest im Grundschulalter haben wir ja noch die Möglichkeit hier mitzureden. Müssen wir unsere Kinder nicht vor schlechten Einflüssen bewahren? Eine Verwandte löste das Problem folgendermaßen: Sie erlaubte ihren Kindern, diese Freunde zu sich nach Hause einzuladen, machte aber gleichzeitig deutlich, daß sie es nicht wünsche, wenn sie die Familien dieser Freunde besuchten. Das war echte Lebenshilfe. Denn wer kann seine Kinder von unguten Beeinflussungen fernhalten? Sie müssen lernen, in unserem Schutzraum damit umzugehen.

Zu diesem Schutzraum gehört auch unser Nein zum negativen Reden über andere. Negatives, sorgenvolles Reden über alles und jeden ist heute an der Tagesordnung. Was geschieht dadurch in der kindlichen Seele? Genauso wie sich eine Pflanze nur im Sonnenlicht entfalten kann, entfaltet sich der junge Mensch im Anschauen von positiven Vorbildern. Wird eine Pflanze in einen lichtlosen Raum gestellt, verkümmert sie. Genauso verkümmert eine kindliche Seele im freudlosen Raum negativen und zersetzenden Redens.

3. Von der Erziehung zum Verzicht

Viele von uns Wohlstandskindern können zu dem reizvollen Angebot in jeder Richtung nicht nein sagen, weil sie nie gelernt haben, zu verzichten. Das fängt schon beim Kleinkind an. Trauen wir den Kindern noch zu, Spannungen auszuhalten, wie z.B. das Warten trotz Hungers auf eine gemeinsame Mahlzeit oder ähnliches? Wie wir wissen, kann ich das, was ich als Kind nicht gelernt habe, kaum als Erwachsener lernen, es sei denn, es zwänge mich eine große Not dazu.

Manche von uns haben schon versucht, ein Nein zum Rauchen, zum Trinken oder zum Verzehr von Süßigkeiten zu praktizieren, aber es gelang nicht oder nur vorübergehend. Wie begegnen wir dem »ich schaffe es einfach nicht«? Mich machte das Erlebnis mit einer Bekannten stutzig. Durch eine sehr notvolle Ehe war sie an die Magersucht und Trunksucht gekommen. Beides brachte sie mehrmals an den Rand des Todes und damit in eine psychiatrische Klinik. Jesmal gelang die Therapie, und sie wurde hoffnungsvoll entlassen. Aber sie schaffte es nicht. Nachdem sie mehrere solcher Entzüge und Rückfälle hinter sich hatte, wurde ihr Gesundheitszustand so schlecht, daß ein Arzt sie glaubhaft davon überzeugen konnte, daß ein nochmaliger Rückfall den sicheren Tod zur Folge haben würde. Seitdem – und das ist sicher zehn Jahre her – brauchte sie nicht mehr in eine psychiatrische Klinik. Der Schock dieser Todesaussicht hat sie so stark motiviert, daß sie nun doch die Kraft zum Nein hat.

Steckt hinter dem »ich schaffe es nicht« vielleicht Mangel an Motivation?

Verzichten können ist nicht nur eine Hilfe in den extremen Situationen unseres Lebens. Könnte die Lebensunlust mancher Jugendlicher damit zusammenhängen, daß sie die beglückende Spannung zwischen Verzicht und Befriedigung, zwischen Vorfreude und Erfüllung zu wenig kennengelernt haben?

Wie freudetötend unsere heutige Lebensweise ist, zeigte mir der Besuch bei einem jungen Ehepaar. Sie hatten gerade geheiratet und besaßen schon eine komplette, teure Wohnungseinrichtung. Die Freude daran wurde sehr geschmälert durch den Ärger über die monatliche Ratenzahlung. Wie anders war die Riesenfreude meines Vaters, als er sich nach langem Sparen und Verzichten ein Spinett kaufen konnte. Für mich unvergeßlich.

Natürlich ist es mir nicht möglich, in dieser Zeit, in der das Wort Verzichten weithin unbekannt ist, allgemein durchführbare Erziehungsmaßnahmen anzubieten. Doch oft hilft schon die Erkenntnis, daß notwendige Voraussetzung für ein gelungenes Leben die Selbstbeherrschung ist, einige kleine Erziehungsmaßnahmen in den Alltag einzubauen.

Mich verwundert es, wie viele Mütter sich heute bis zur Erschöpfung aufopfern, um den Kindern alle Schwierigkeiten aus dem Weg zu räumen, statt ihnen die Meisterung dieser Schwierigkeiten zuzumuten. Es ist hier wieder die Frage nach meiner Zielvorstellung. Um eines wichtigen Zieles willen kann ich den vorübergehenden Unmut des anderen ertragen.

Ich habe mich in der Biographie von Jesus Christus über seine Freiheit gewundert, mit der er dringende Anfragen verneinen konnte. Dabei denke ich an die vorwurfsvolle Bemerkung seiner Jünger, als sie ihn an einem einsamen Ort gefunden haben: »Komm doch endlich. Alle suchen dich.« Und er in aller Ruhe sagt: »Nein, ich muß woanders hin.«

Damit riskierte er den Zorn der ganzen Volksmenge, die auf ihn wartete!

Woher nahm er die Kraft, nein zu sagen?

IV. Die Kraftquelle für ein ehrliches Ja oder Nein

Eine Bekannte betreute seit Jahren Pflegekinder. Eines Tages bekam sie ein 12jähriges Mädchen zugewiesen, das ein fast unstillbares Verlangen nach Zuwendung hatte. »Es konnte sein«, so erzählte meine Bekannte, »daß dieses Mädchen plötzlich im Spiel innehielt, von der Schaukel sprang, sich auf meinen Schoß setzte und rief: ‚So, jetzt muß ich Liebe tanken.' Manchmal schon nach zehn, manchmal aber auch erst nach dreißig Minuten sprang sie auf und sagte: ‚Jetzt habe ich genug Liebe getankt, jetzt kann ich weiterspielen.'"

Wunderbar, wenn es doch für uns Erwachsene solch eine Tankstelle der Liebe gäbe! Manche finden sie bei ihrem Partner. Aber was ist, wenn sich zwei finden, die beide an einem Defizit an Zuwendung leiden? Die Tragik, daß jeder sich nach Liebe sehnt und der andere sie nicht geben kann, zeigt sich in der hohen Scheidungsrate.

Gibt es eine Tankstelle für Liebe?

In der Bibel steht die Behauptung, daß Gott personifizierte Liebe ist. Viele sagen: Davon habe ich noch nichts gemerkt. Das mag sein.

Es ist ähnlich wie mit der Liebe eines Mannes, die wir nicht erwidern. Er kann mit noch so vielen Liebesbeweisen um uns werben. Wenn wir uns auf die Beziehung nicht einlassen, kommt es zu keiner beglückenden Begegnung. Jedem von uns hat Gott schon manches Mal seine Zuwendung signalisiert. Ein Beispiel: Wir sind in großer Not. Plötzlich steht ein alter Freund, den wir jahrelang nicht gesehen haben, vor der Tür. In unserer großen Freude rufen wir: »Dich schickt der Himmel!« Wir meinen das nicht so. Aber könnte es nicht doch so sein?

Warum sollte es undenkbar sein, daß ein Gott, der uns erschaffen hat, sich auch für uns interessiert? Doch, wenn das so ist, bleibt immer noch die Frage: »Wie kann ich meinen Hunger nach Annahme bei ihm stillen?«

Aus diesem Grund habe ich das Lebensbild von Jesus, dem Sohn Gottes, unter dem Gesichtspunkt untersucht: Wie baute er Frauen auf, deren Selbstwertgefühl zertreten worden war?

Dabei stieß ich auf eine Frau, die in ihrer Sehnsucht nach Annahme schon fünf Beziehungen hinter sich hatte. Fünfmal die vergebliche Hoffnung, bei einem Mann vor Anker gehen zu können. Fünfmal das Scheitern, die bittere Erfahrung der Trennung. Fünfmal zertretenes Selbstwertgefühl. Dazu kam die Mißachtung der Nachbarn, vor deren Augen sich dieses Leben abgespielt hatte. Diese Frau war wegen ihres mißlungenen Lebens so verunsichert, daß sie sich nicht mehr unter Menschen wagte.

Eines Tages trifft Jesus sie. Er möchte gerne mit ihr reden. Über ihr »unmoralisches« Leben? Ihr Versagen?

Nein, er unterhält sich mit ihr über theologische Fragen! Über Fragen, die ihn, Jesus, beschäftigen! Er behandelt sie wie eine ebenbürtige Gesprächspartnerin. Zwischendurch signalisiert Jesus, daß er ihr ganzes Leben kennt. Trotzdem führt er das Gespräch weiter. Als Jesus merkt, wie offen die Frau für göttliche Fragen ist, offenbart er ihr sogar, wer er ist, der Sohn von Gott!

Diese Wertschätzung durch den Sohn Gottes läßt die Frau vergessen, wer sie ist. An die Stelle der Minderwertigkeitskomplexe ist solch eine große Freude getreten, daß sie alle Menschenfurcht verliert. Sie reflektiert nicht mehr darüber, was die anderen von ihr denken, sondern läuft zu den Nachbarn hin und ruft: »Kommt mit mir, ich habe den ersehnten Messias gesehen!« Wie reagieren die Nachbarn auf diese Frau, die sie so gut kennen?

Sie können sich dieser neuen Ausstrahlungs-

kraft nicht entziehen. Die Frau ist wieder glaubwürdig, achtenswert. Ja, sie tun sogar, was diese Frau ihnen sagt.

Damit sind wir bei unserem Thema: Wo finde ich ein solch gesundes Selbstwertgefühl, das mir ermöglicht, in dieser Freiheit dem Nächsten gegenüberzutreten? Kann ich solch eine Begebenheit aus der Bibel – geschehen vor 2000 Jahren – auf heute übertragen?

Vor einiger Zeit war ich eingeladen zu einer Tagung für berufstätige Frauen. Eine Teilnehmerin machte auf mich den wohltuenden Eindruck einer in sich ruhenden Persönlichkeit. Als wir beieinander saßen, erzählte sie mir ihre Geschichte. Sie war geschieden. Dies Erlebnis hatte ihr, sie war ohnehin voll von Minderwertigkeitskomplexen, völlig den Boden unter den Füßen weggerissen. Aus Angst vor neuen Schmerzen der Ablehnung sagte sie zu allen Anfragen in der Firma ja, nur um ein wenig Anerkennung zu bekommen. Aber das Gegenteil war der Fall. Sie wurde von allen ausgenutzt und geriet noch tiefer in die zerstörerische Selbstverachtung. Dann entdeckte sie die Bibel. Worte Gottes, die ihr das Wohlwollen Gottes zusicherten. Sie setzte sich mehr und mehr diesen positiven Zusagen Gottes aus.

Und das Ergebnis?

Ihr Selbstwertgefühl wurde so von der Liebe

Gottes aufgebaut, daß sie frei wurde von dem Zwang, um Anerkennung werben zu müssen.

Sie wurde damit auch frei zu einem ehrlichen Ja oder Nein.

Literaturverzeichnis

Backus, W., Chapian, M.: Befreiende Wahrheit. Praxis kognitiver Seelsorge. Mainz-Kastel: C&P Verlag, 1991.

Fensterheim, H., Baer, J.: Sag nicht Ja, wenn Du Nein sagen willst. Wie man seine Persönlichkeit wahrt und sich durchsetzt: im Beruf, in der Ehe, in der Liebe, im Familienkreis, in der Gemeinschaft. München: Mosaik Verlag GmbH, 1977.

Guest, J. L.: Den Eltern vergeben . . . . . . sich als Erwachsene begegnen. Marburg: Verlag der Francke-Buchhandlung GmbH, 1993.

Horie, M. und H.: Lieber Doktor H. Fragen an den Therapeuten. Wuppertal und Zürich: R. Brockhaus Verlag, 1992.

Schellenbaum, P.: Das Nein in der Liebe. Abgrenzung und Hingabe in der erotischen Beziehung. München: Deutscher Taschenbuch Verlag GmbH & Co. KG, 1993.

Thurman, C.: Du kannst es nicht jedem recht machen! Asslar: Verlag Klaus Gerth, 1993.

Tournier, P.: Echte und falsche Schuldgefühle. Vom schlechten Gewissen zur inneren Freiheit. Bern: Humata Verlag Harold S. Blume, 9. Auflage.